Lk 14, 133

DISCOURS

Prononcé à l'ouverture des États de Languedoc, par Monseigneur l'Archevêque de Narbonne.

1789.

DISCOURS

Prononcé à l'ouverture des États de Languedoc, par Monseigneur l'Archevêque de Narbonne.

MONSIEUR (1),

De quel objet plus digne de l'intérêt & de l'attention de cette auguste Assemblée, pourrions-nous l'entretenir, que de

---

(1) M. le Comte de Périgord, Commandant, & premier Commissaire du Roi aux États.

celui qui, d'une extrémité du Royaume à l'autre, agite tous les esprits, remue tous les cœurs, qui fait naître des inquiétudes dans les uns, qui fonde & nourrit les espérances de tous ?

Malheur à ceux qui n'envisageroient, qu'avec une froide indifférence, les dispositions généreuses & désintéressées dont est animé notre auguste Monarque.

Les maux de la France ne sont donc point sans remede, puisque l'arbitre de notre bonheur s'est montré sensible à nos justes alarmes.

Plus touché des droits de sa Nation, que dominé par l'exemple de plusieurs des Rois ses prédécesseurs, il veut restituer; à l'universalité de ses Sujets, l'avantage précieux dont cette Province a conservé la trace, celui de n'être assujettis qu'aux impôts qu'ils auront consentis. Il les invite à ne former qu'une seule & paisible famille : il aime à s'en dire le Chef, & il ajoute par-là, à tous les droits du Souverain, ceux du Pere le plus tendre.

Il exhorte ses enfans à devenir eux-mêmes les coopérateurs du bien qu'il veut leur faire, & sur-tout à rendre moins pesant, par une répartition équitable & proportionnellement égale, le fardeau des contributions reconnues nécessaires.

Il veut désormais n'adopter, pour mesure de l'impôt, que celle du besoin qui l'aura rendue indifpenfable. Eft-il un François, quelque rang qu'il occupe dans l'ordre des Citoyens, qui ne doive feconder des vues auffi juftes & auffi bienfaifantes ? Les formes avouées & confenties ont fans doute été légitimes ; mais il n'exifte point, MESSIEURS, de privilége antérieur à celui de la chofe publique ; l'État conferve une hypotheque indeftructible fur toutes les valeurs qu'il protege, & rien n'a jamais pu être ni donné ni acquis au détriment du principe fondamental de toute fociété, qui a des intérêts communs à pourfuivre, & par conféquent des charges communes à remplir.

IL eft vrai que la fituation des affaires publiques ne nous offre que des réfultats peu confolans ; que malgré les facrifices multipliés auxquels s'eft courageufement livré notre auguste Monarque (& ce sont ceux qui ont frappé le plus directement sur sa personne qui lui ont paru les moins pénibles), malgré les bonifications importantes qui ont rendu plus productives plusieurs parties de finances, il subsiste encore une différence alarmante entre les recettes & les dépenses réputées jusqu'à présent nécessaires ; mais il n'est point d'obstacle que ne puisse surmonter l'amour des François pour leur Souverain, leur attachement à la gloire de la Nation.

Qu'il me soit permis, Messieurs, de vous répéter ce que je n'ai pu entendre, sans émotion, proférer par un des Membres (1) respectables de la derniere assemblée des Notables.

(1) Discours de M. le Lieutenant-Civil.

« Nous ne dirons point au Roi, que les ressources de son Royaume sont inépuisables, nous le bénirons d'en avoir prévenu le dernier terme ».

C'est donc à l'éloigner, ce dernier terme, que doivent tendre nos vœux & nos efforts; & s'il est vrai que ce soit aux succès des prochains États généraux que soit attachée la régénération de cet Empire, de quel crime ne seroient point coupables ceux qui en troubleroient le concert & l'accord !

Nous avons pris nous-même la liberté de le dire à notre Souverain; c'est l'harmonie des volontés particulieres, qui formera la masse imposante de la volonté générale; c'est cette harmonie seule, qui décidera si cette Assemblée, tant désirée, au lieu d'être, comme nous l'espérons, la plus puissante des ressources, ne deviendra pas elle-même le plus grand des malheurs.

Daigne le Ciel détourner ce fléau de dessus nos têtes ! puissent les différens Ordres, qui formeront l'Assemblée nationale, repousser loin d'eux les jalousies, les rivalités, les défiances réciproques dont malheureusement le germe ne s'est déjà que trop laissé appercevoir ! Qu'un seul intérêt les guide, l'intérêt de tous. De leur union, de leur attention scrupuleuse à discerner sans humeur & sans partialité, les véritables besoins publics, de leur empressement religieux à y pourvoir, mais par des fonds aussi certains, qu'à l'abri de tout divertissement, dépend la sûreté, la paix intérieure de l'État, la conservation pure & sans tache de l'honneur national, la stabilité de la France dans le rang honorable qu'elle occupe parmi les grandes Nations de l'Europe.

GARDEZ-VOUS, ô François ! de perdre, en la précipitant, tout le fruit de la révolution qui se prépare. Si vous avez des droits à réclamer, vous avez aussi des droits à défendre, ceux de la Monarchie; le Trône est le centre commun auquel doivent aboutir les lumieres, l'énergie, tous les élans des ames vraiment patriotiques; le jour qui vous en séparerait seroit le dernier de votre bonheur & de votre gloire.

MONSIEUR (1),

QUAND on appartient, comme vous, à plufieurs fiecles, on trouve aifément, dans les circonftances les plus variées & les difficiles, des modeles à imiter.

AMIE du Trône autant qu'ennemie de la fervitude ou de la licence, votre race antique vous a impofé des devoirs qui vous font prefque perfonnels. Leur accompliffement vous concilie la confiance du Souverain, & nous aimons à publier les droits que vous acquérez tous les jours à nos refpects, à notre amour & à notre reconnoiffance.

PLUS le pouvoir eft entouré d'incon-

---
(1) M. le Comte de Périgord.

véniens & d'écueils, plus distingué est le mérite de celui qui sait les éviter. C'est le tribut d'éloges que nous déférons avec satisfaction au Magistrat respectable (1) chargé, dans cette Province, d'un ministere qui ne nous offrira jamais rien que de consolant, tant qu'il sera dirigé par la droiture, la vigilance & la générosité qui forment son caractere.

___

(1) M. l'Intendant.

FIN.

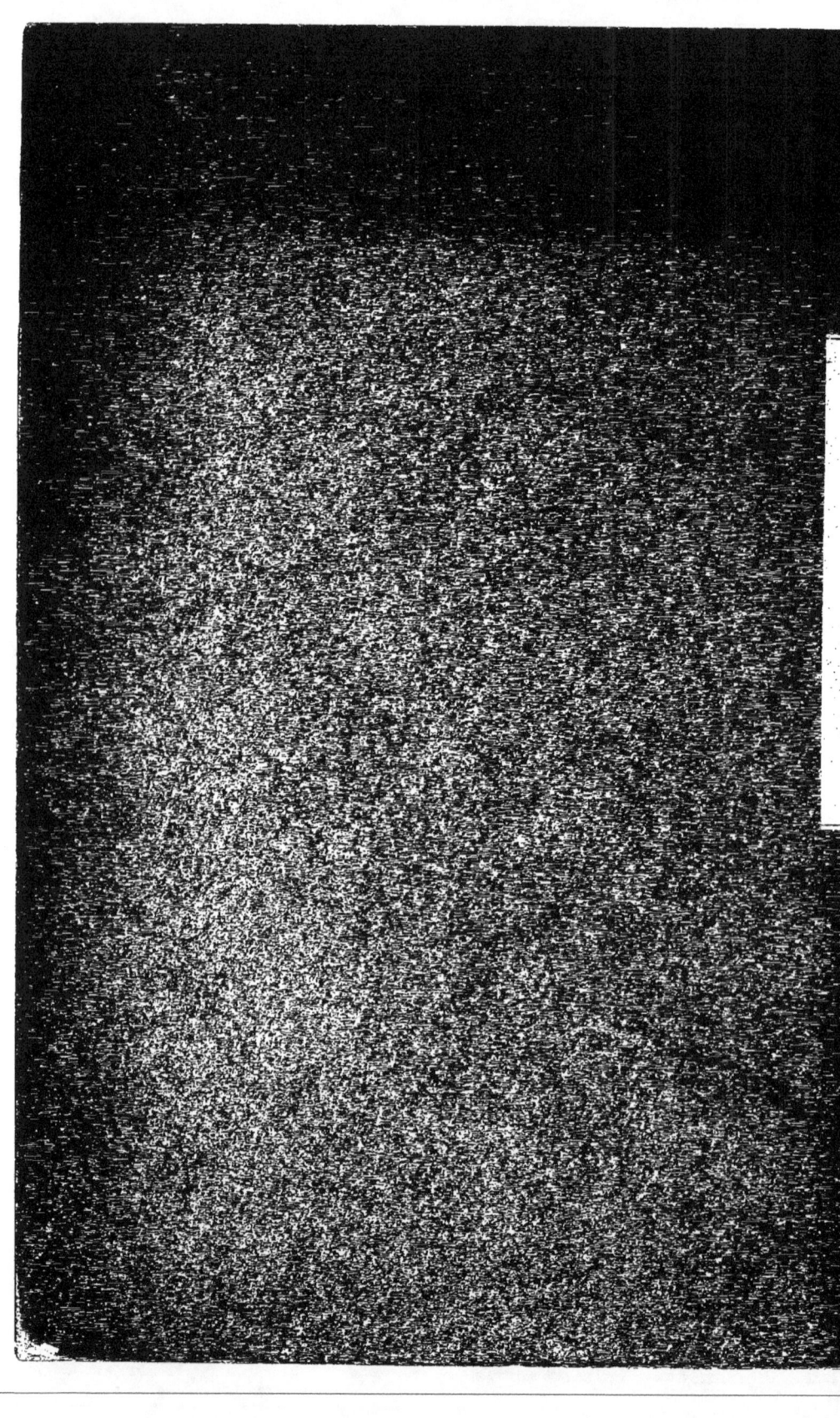

www.ingramcontent.com/pod-product-compliance
Lightning Source LLC
Chambersburg PA
CBHW071424060426
42450CB00009BA/1997